LETTRE

AU MINISTRE DE LA MARINE

ET DES COLONIES,

EN RÉPONSE AUX CALOMNIES

CONTENUES DANS CELLE DE M. BISSETTE;

PAR

A. de Lacharière et A. Foignet,

DÉLÉGUÉS DE LA GUADELOUPE.

Paris.

IMPRIMERIE DE AUGUSTE AUFFRAY,

PASSAGE DU CAIRE, N. 54.

—

1831.

LETTRE

AU MINISTRE DE LA MARINE.

Monsieur le ministre,

Il vous a été adressé une lettre par M. Bissette, sur *la nécessité d'arrêter la réaction aux Antilles françaises*. M. Bissette ne s'est pas contenté de cette inconvenance ; il a cru devoir faire imprimer cette lettre, la distribuer aux Chambres et la répandre dans le public.

Nous laissons aux délégués de la Martinique le soin de relever les nombreuses imputations qui concernent cette colonie : nous ne nous occuperons que de la Guadeloupe.

M. Bissette prétend dans sa lettre, *pag.* 6, « qu'à la « Guadeloupe les gens de couleur sont repoussés des « cafés pour faire place aux blancs, et que l'autorité « convertit ces établissemens publics en réunions « particulières ; des rixes s'ensuivent ; les colons, « soutenus par les baïonnettes, maltraitent les jeunes « gens de couleur dont plusieurs sont arrêtés et em- » prisonnés, la justice instruit contre eux. »

Il en impose et cherche à égarer l'opinion publique, en France, sur la rixe qui a eu lieu à la Pointe-à-Pitre le 17 août dernier. Il résulterait des lettres

particulières qui nous sont parvenues que des hommes de couleur de la ville Pointe-à-Pitre, entraînés
par quelques meneurs, se seraient rassemblés et auraient voulu s'introduire de vive force dans un lieu
non public, destiné à des réunions particulières par
suite d'une souscription autorisée par l'autorité :
ce genre de réunions existe en France. Leur prétention aurait été d'autant plus hostile que les hommes de couleur ont eux-mêmes des réunions particulières semblables, où ils n'admettent que les sous-
cripteurs qui leur conviennent.

La justice informe sur cette affaire. Nous atten-
dons sa décision. M. Bissette n'aurait-il pas dû at-
tendre de même ? Cette décision fera connaître si,
comme le prétend M. Bissette, *il a existé des rixes
où les colons blancs, soutenus par des baïonnettes,
ont maltraité les jeunes gens de couleur*, ou bien,
si des jeunes gens de couleur n'ont pas été les agres-
seurs. Si une députation n'a pas été auprès de M. Bernard, procureur-général, qui s'était rendu sur les
lieux, pour désapprouver la conduite des excitateurs,
et le prier de ne pas commencer l'instruction ;

Si, malgré cette démarche, M. Bernard remplissant
son devoir, n'aurait pas ordonné une instruction.

S'il n'est pas résulté de cette instruction, qu'il y
a eu provocation de leur part ;

Qu'il y a eu résistance contre la force publique,
que les jeunes gens blancs ont été obligés d'assister ;

Que cette résistance a eu lieu à main armée, puisque deux soldats de la ligne ont été blessés, et qu'un blanc a reçu un coup de poignard ou de couteau.

Les rapports que vous avez dû recevoir, monsieur le Ministre, vous donnent probablement l'assurance que de pareilles scènes ne se renouvelleront plus; les hommes de couleur sages, propriétaires et industriels, les désapprouvent. Ils doivent comprendre que les droits que l'on réclame pour eux, sont tout-à-fait indépendans des ambitions personnelles, des espérances déçues de quelques individus.

Selon M. Bissette, *pag.* 13, « un officier de gen-
» darmerie, M. Montéléon, refuse, à la Guadeloupe
» de concourir à un acte illégal; *il est renvoyé en*
» *France à la direction des colonies*, où de fâcheu-
» ses préventions l'ont précédé, et lui en rendent
» l'accès difficile. »

Un mot suffira pour détruire cette allégation : M. Montéléon a écrit au ministère de la marine pour la démentir; il est faux d'ailleurs que cet officier ait été renvoyé en France à la direction des colonies : il n'y est revenu qu'avec tous les officiers de son cadre.

M. Bissette qui ne respecte personne, dont la monomanie est d'attaquer tout le monde, n'a pas épargné la garnison de la Guadeloupe, qui, à l'entendre, *protégeait les colons dans leur projet de réaction et manifesterait les plus fâcheuses disposi-*
tions à l'égard des hommes de sa classe.

Le bon esprit du 51ᵐᵉ régiment et la bonne composition de son corps d'officiers, vous sont assez connus, monsieur le Ministre, pour qu'il soit inutile de les justifier d'imputations calomnieuses, qui ne peuvent les atteindre; leur conduite après juillet a été parfaite : leur contenance et celle de la garde nationale ont préservé la colonie de tous désordres.

Si donc il était vrai, comme M. Bissette l'allègue sans aucune preuve, que la force armée à Marie-Galante eût tourné ses armes contre des hommes de couleur, il faudrait en induire que là comme à la Guadeloupe (Pointe-à-Pitre) ils troublaient l'ordre public.

Après la garnison viennent et le conseil privé et le gouverneur. D'après M. Bissette, *l'arbitraire se montre partout.* Le sieur Jean Charles, dit-il, jouissait depuis long-temps de sa liberté de fait. Il avait obtenu le 29 avril dernier sa patente, en payant une somme de 58 fr. 32 c., *bien que tout droit fiscal ait été supprimé par ordonnance royale du* 1ᵉʳ *mars.* A quelques jours de là, ajoute-t-il, le sieur Clarreuil le réclame comme sa propriété, et M. Vatable, gouverneur, *créole,* par un arrêté pris en conseil privé, en date du 5 mai, annule l'acte d'affranchissement; Jean Charles est vendu à l'encan au profit du gouvernement, et Clarreuil se le fait adjuger.

Tout est absurdité et imposture dans cet exposé.

Et d'abord si c'est le 29 avril dernier que la patente est délivrée à Jean Charles, c'est M. le général Vatable qui la lui a accordée : Ce gouverneur *créole*, au lieu d'arbitraire, avait donc de la bienveillance.

Quant à l'ordonnance qui supprime le droit fiscal, elle n'a pas été enfreinte, car M. Bissette ne peut ignorer qu'indépendamment du droit fiscal, le patenté paie toujours une petite rétribution au bureau de charité.

Si M. Bisette demande ce que le bureau de charité fait de ces allocations, on lui répondra qu'elles sont distribuées aux nécessiteux, plus nombreux dans sa classe que dans la classe blanche : En effet, après l'ouragan de 1825, des secours en vivres et argent ont été distribués à la Basse-Terre ; et la proportion entre les individus blancs et de couleur a été d'un à quinze.

M. Bissette qui cite l'arrêté en conseil du 5 mai, ne dit pas toute la vérité, et il a trompé sciemment : Voici les motifs et le dispositif de cet arrêté.

« Vu notre arrêté, en date du 29 avril, qui ac-
» corde l'affranchissement du nègre, Jean Charles...

« Vu la demande à nous adressée sous la date du
» 2 de ce mois, par le sieur Clarreuil, tendant à ce
» que l'affranchissement du nègre Jean Charles soit
» considéré comme nul, attendu qu'il est sa pro-
» priété. »

« Considérant qu'il résulte des pièces produites
» par le sieur Clarreuil, et notamment *d'un juge-*
» *ment rendu sur les conclusions du ministère pu-*

» *blic par le président du tribunal de première in-*
» *stance de la Pointe-à-Pitre*, la preuve que *le nègre*
» *Jean Charles est la propriété dudit sieur Clarreuil*,
» par suite de l'abandon qui lui en a été fait par le cu-
» rateur aux successions vacantes de la Grande-Terre,
» en cette qualité chargé de celle du sieur Labar-
» roche, afin de libérer cette succession d'une
» somme de 3,168 livres qu'elle lui doit. »

« Sur le rapport du procureur général, de l'avis
» du conseil privé, avons ordonné et ordonnons ce
» qui suit :

« Art. 1er.—L'acte d'affranchissement accordé par
» notre arrêté du 29 avril, au nommé Jean Charles,
» sur la recommandation du sieur Armand Barbe
» ne lui sera point délivré, attendu qu'il est la pro-
» priété du sieur Clarreuil. En conséquence cet af-
» franchissement est regardé comme nul. »

« Art. 2—Le procureur général est chargé de
» l'éxécution du présent arrêté.

« Donné à la Basse-Terre, le 5 mai 1831.

(*Signé* BARON VATABLE.) »

Ainsi, 1° pas de vente à l'encan, ordonnée par le
gouvernement, mais bien remise au propriétaire
revendiquant : En effet, le conseil privé n'avait à
s'occuper que de la validité de l'affranchissement.

2° Ensuite décision du tribunal de la Pointe-à-Pitre prouvant que Jean Charles était la propriété de M. Clarreuil. Pourquoi M. Bissette a-t-il caché cette circonstance d'une décision judiciaire, et ne présente-t-il le sieur Clarreuil que comme se *prétendant* propriétaire, et laissant supposer que le conseil privé aurait statué sur le mérite de cette prétention, en empiétant sur les attributions des tribunaux ordinaires, seuls compétens? Pourquoi parle-t-il d'un prétendu *rachat* de Jean Charles, alors que rien ne le constate?

Il nous parle de légistes qui seraient d'opinion de valider un pareil affranchissement: On peut différer d'opinion sur des questions de droit; mais, quand un tribunal a prononcé, sa décision doit être respectée. C'est ce qu'a fait M. le général Vatable.

Du reste, ce qui est nul ne peut produire d'effet, et tant que les principes de la justice et les règles du droit n'auront pas été changés, une patente surprise au gouvernement, accordée à un individu qu'à tort l'on croyait n'appartenir à personne, ne pourra être opposée aux droits sacrés de la propriété, ou à ceux des tiers-intéressés.

M. Bissette avance hardiment, *page* 14, « que » la garde nationale, composée d'hommes blancs » et d'hommes de couleur, est *inégalement armée* » *dans toutes nos colonies des Antilles*, et il est » question d'enlever aux patronés le peu qu'on a » laissé à leur disposition. »

Cette nouvelle accusation contre M. le général Vatable et ses prédécesseurs n'est pas plus juste que les autres. Les documens certains que nous possédons nous autorisent à déclarer très-formellement à M. Bissette, qu'il en impose; et que le fait qu'il avance est faux.

Les compagnies du bataillon à la Pointe-à-Pitre ont été augmentées d'hommes de couleur comme de blancs : toutes les compagnies *sont armées au complet*. M. le général Vatable peut l'attester au besoin. Nous pouvons, sur la Basse-Terre, donner des renseignemens encore plus détaillés, l'un de nous étant major du bataillon de cet arrondissement et ayant en sa possession les contrôles qui remontent à 1828, 1829, 1830. Il en résulte que les compagnies de *chasseurs de couleur* sont au complet fixé par les ordonnances, *et que tous sont armés*.

Page 8, l'auteur du libelle attaque M. Bonnet, remplissant les fonctions du ministère public près le tribunal de la Pointe-à-Pitre. Il prétend que ce magistrat, portant la parole entre un blanc et un homme de couleur, prononça ces étranges paroles :

» Oui, hommes de couleur, provocateurs ou pro-
» voqués, vous serez toujours répréhensibles envers
» les blancs. »

Il est vrai qu'une dénonciation à ce sujet était parvenue à M. le ministre d'Argout, et qu'elle a même été l'objet d'une lettre de ce ministre au gouverneur de la colonie.

Mais ce qui est encore vrai, et ce que M. Bissette ne peut ignorer, c'est qu'une instruction a été faite sur les lieux et qu'elle a démontré la fausseté de l'imputation portée contre ce magistrat.

Dans un autre endroit, *page 8*, M. Bissette s'exprime ainsi :

« Un commandant de la garde nationale à la Gua-
» deloupe, que vous venez de décorer de la Légion-
» d'Honneur, commet un viol sur une enfant es-
» clave. Par suite d'un réquisitoire de M. Ristélhue-
» ber, procureur du roi, la justice informe ; mais
» elle reçoit l'ordre impératif du gouverneur, colon
» lui-même, de cesser toute poursuite. La justice
» obéit!! »

Ici, monsieur le ministre, la calomnie prend un caractère plus sérieux.

Un arrêt de la chambre d'accusation rendu sur les conclusions du ministère public a déclaré qu'il n'y avait lieu à suivre, sur la plainte portée contre M. Baimbridge. Si les états trimestriels que la colonie envoie ne sont pas encore parvenus à votre ministère, le fait que nous avançons peut vous être attesté par M. le général Vatable, ancien gouverneur, maintenant à Paris, et présent à la Guadeloupe, lorsque cet arrêt fut rendu.

Ainsi, 1° M. Baimbridge, commandant de la garde nationale à la Guadeloupe, est accusé par M. Bissette d'un crime, alors qu'une décision souveraine a proclamé que ce crime n'existait pas. Et, en effet, monsieur le Ministre, d'après les renseignemens qui nous ont été fournis, il est résulté de l'instruction, de la déposition de l'enfant esclave et de sa maîtresse, que le fait dont cet esclave s'était plaint, avait été commis par un nègre esclave.

Sans doute, quand M. Baimbridge aura connaissance de cette calomnie, il déférera M. Bissette aux tribunaux.

2° Ainsi, après un réquisitoire du procureur du roi, une information de la justice, le gouverneur, *colon lui-même*, donnerait l'ordre impératif de cesser toutes poursuites; c'est-à-dire, que M. le général Vatable aurait entravé, arrêté le cours de la justice; et l'on sent, dès lors, toute la gravité d'une pareille imputation. Elle ne serait pas démentie par la décision de la chambre d'accusation, qui n'a pu prononcer arrêt que sur l'instruction faite et les conclusions du ministère public, qu'il vous suffirait sans doute, monsieur le Ministre, du caractère honorable de cet officier-général, de son amour pour l'ordre, de son respect pour les lois, pour n'ajouter aucune foi à la dénonciation plus qu'imprudente de M. Bissette.

3° *La justice obéit!!* — Ainsi, trois magistrats, (MM. Gauchard, Boyer et Meunier, européens) et un quatrième remplissant les fonctions du ministère public, auraient prévariqué, commis un déni de justice, prêté la main au plus odieux arbitraire, cédé à la crainte de déplaire à un gouverneur, concouru à l'impunité d'un coupable. Vous ne le croirez pas, monsieur le Ministre ; mais souffrirez-vous que des magistrats revêtus de la confiance de Sa Majesté, qui ont rempli leurs devoirs, restent sous le coup de pareilles accusations ?

Nous n'examinerons pas, monsieur le Ministre, s'il est possible que M. Bissette soit fondé des pouvoirs de dix-sept à dix-huit mille hommes de couleur de la Martinique ; ni la validité, la légalité d'un pareil mandat ; mais quel qu'il soit ce mandat, M. Bisette en abuse d'une manière indigne, car il ne peut avoir *la mission spéciale* d'attaquer et de calomnier les autorités, les magistrats et les colons de la Guadeloupe.

. M. Fabien a pris aussi dans divers écrits le titre *de l'un des mandataires des hommes de couleur de la Martinique*, nous aimons à faire remarquer que toutes les fois que la passion aveugle a poussé M. Bissette à des démarches aussi inconsidérées que celle que nous signalons à votre Excellence, il a agi seul, ses écrits n'ont jamais été revêtus de l'approbation, de la signature de M. Fabien.

Nous ferons encore remarquer la prudence de M. Mondesir Richard. Il a plusieurs fois écrit au nom des hommes de couleur de la Guadeloupe. Il s'est dit en correspondance avec eux, et toujours au fait de ce qui se passait dans cette colonie ; il aurait pu, mieux que tout autre, affirmer les prétendus abus, les prétendus délits signalés par M. Bissette; il n'en a rien fait. Il a sagement pensé que de pareilles accusations sans preuve exposeraient leur auteur à un démenti formel, et qu'elles ne resteraient pas impunies.

Tel est pour la Guadeloupe, monsieur le Ministre, l'échafaudage d'impostures et d'absurdités, élevé par M. Bissette. Il parle de la fermentation qui règne dans les colonies : est-ce pour la calmer qu'il a pris la plume?

Certes, si M. Bissette avait l'intention de nuire à la cause qu'il prétend soutenir, il ne pourrait pas mieux s'y prendre; et nous croyons devoir ici, dans l'intérêt des hommes de couleur de la Guadeloupe, déclarer qu'on se formerait d'eux une très-fausse idée, si l'on jugeait de leurs sentimens d'après ceux qui ont dicté cette singulière brochure.

Ainsi, M. Bissette attaque la classe blanche toute entière; il l'accuse de bassesse et de férocité. La colonie dont il prétend représenter la population de couleur ne suffit pas à sa rage d'injurier et de calomnier, il attaque encore la Guadeloupe et Marie‑Galante. Il accuse les officiers des garnisons, il accuse les magistrats, il accuse les autorités locales, il accuse les gouverneurs; il finit par vous menacer de vous considérer comme leur complice. Il s'écrie en effet, *page* 16 : « Ce ne sont pas ici des craintes » exagérées, des suppositions nées de l'esprit soup- » çonneux d'une classe long-temps persécutée, ce » sont des faits tellement positifs, *qu'à mes yeux*

» *un ministre qui les passerait sous silence s'en ren-*
» *drait le complice.* »

Il avait déjà dit en débutant : « Ne vous y trom-
» pez pas, monsieur le Ministre, la longanimité des
» hommes de couleur n'est pas une preuve de fai-
» blesse. Il faut ou faire cesser un état provisoire
» insoutenable, ou que les colons fondent de nou-
» veau leur pouvoir monstrueux. »

Et c'est à un ministre du Roi que s'adresse un
pareil langage !

L'auteur du Mémoire termine en disant : « Je suis
» un calomniateur, ou les autorités locales sont in-
» dignes de la confiance du Gouvernement. »

Et nous aussi, monsieur le Ministre, nous vous
disons, au nom de la colonie que nous représen-
tons : Les autorités coloniales sont indignes de la
confiance du Gouvernement, ou M. Bissette est un
calomniateur.

Ce problème ne peut rester sans solution.

Nous sommes avec respect,

Monsieur le Ministre,

Vos très-humbles et obéissans serviteurs,

A. de LACHARIÈRE; A. FOIGNET.

Paris, le 20 novembre 1831.